Albrecht Rieder (Hrsg.)

Materialien Sinnfrage

Sekundarstufe II

Ernst Klett Verlag für Wissen und Bildung
Stuttgart · Dresden

Gedruckt auf Papier, das aus chlorfrei gebleichtem Zellstoff hergestellt wurde

1. Auflage 1 6 5 4 3 2 | 1996 95 94 93 92

Alle Drucke dieser Auflage können im Unterricht nebeneinander benutzt werden; sie sind untereinander unverändert. Die letzte Zahl bezeichnet das Jahr dieses Druckes.

Satz und Druck: Wilhelm Röck, Weinsberg
Einbandgestaltung: Zembsch' Werkstatt, München
ISBN 3-12-268720-8

Inhalt

Einstieg und Motivation

Verständnis des Begriffes Sinn und der Sinnfrage

Beschreibung weiterer Sinnerfahrungen

Bedrohung der Sinnerfahrung

Darstellung alltäglicher Sinnkrisen

Ein alternativer Sinnentwurf zum christlichen Glauben

Systematische und biblische Antworten des christlichen Glaubens zur Sinnfrage

Ein Beispiel christlicher Nächstenliebe

Einstieg und Motivation

1 Was verstehen wir unter Sinn?

1. Den Sinn meines Lebens sehe ich stark mit meiner Lebensbewältigung verbunden. Lebensbewältigung, indem ich schon genaue Ziele vor Augen habe: zum Beispiel den Aufbau einer sicheren Zukunft, gutes Auskommen mit Arbeitskollegen, Anerkennung und Vertrauen bei meinen Mitmenschen.

Doris, 17 Jahre

2. Ich bin davon überzeugt, daß jeder Mensch eine bestimmte Lebensaufgabe zu erfüllen hat ... Bei einer besonders schwer belastenden Situation kann der Mensch aber auch den Mut verlieren ... Mir geht es so, daß ich mich gerade dann besonders durch meinen Glauben und das Vertrauen auf Gott gehalten weiß.

Maria, 17 Jahre

3. Mir ist es gleich, ob ich den Sinn des Lebens weiß oder nicht. Ich lebe einfach, nur so, einfach leben. Das genügt mir vollkommen. Ich mache mir keine Gedanken deswegen. Ich verstehe Menschen nicht, die unbedingt den Sinn des Lebens finden wollen. Warum eigentlich? Das einzige, was ich akzeptiere, ist: Der Sinn des Lebens ist zu leben. Das andere ist mir alles gleichgültig.

Mike, 19 Jahre

4. Ich habe einen Lebensweg gewählt, weil ich glaube, daß dieser Weg uns alle zu dauernder Freundlichkeit führt. Ich kämpfe für diese allgegenwärtige, ausgreifende, unerschöpfliche Güte (...) Ich schreibe in dem Bewußtsein, daß über unseren Köpfen, über all unseren Köpfen, die Gefahr der Bombe schwebt, der Atomkatastrophe, die niemanden und nichts auf der Erde übriglassen würde. Doch das trübt meine Hoffnung nicht. In diesem kritischen Augenblick, diesem Augenzwinkern der Agonie (= Todeskampf), wissen wir, daß das Licht endgültig durch die halbgeöffneten Augen dringen wird. Wir werden uns alle verstehen. Wir werden gemeinsam fortschreiten. Diese Hoffnung ist unwiderruflich.

Pablo Neruda

Verständnis des Begriffes Sinn und der Sinnfrage

2 Gewichtungsaufgabe zu Sinn, Nutzen, Leistung

Was ordnen Sie unter Nutzen ein, was unter Leistung, und was würden Sie als Sinnerfahrung bezeichnen? Kreuzen Sie bitte an!

	Nutzen/Leistung	Sinn
1. Nur gute Noten schreiben		
2. Kontakte zu Mitschülern finden		
3. Mehr Wissen und Bildung in der Schule erwerben		
4. Ein schönes Bild betrachten, bzw. Musik hören		
5. Ein Mofa besitzen		
6. In den Ferien viel Geld verdienen		
7. In den Ferien eine Reise mit Freunden machen		
8. Jeden Abend fernsehen		
9. Meine Begabung entfalten, spüren, was ich kann		
10. Eigene Beispiele		
....		
11.		

Nutzen = Sinn, Leistung = Sinn???

3 Helmut Gollwitzer, Krummes Holz – aufrechter Gang

Unsere gesellschaftlichen Beziehungen sind allenthalben durch den gegenseitigen Nutzen vermittelt. Ständig gebrauchen wir andere Menschen als Mittel zum Zweck. So tief ist damit unser eigenes Selbstbewußtsein verknüpft, daß daraus die tiefe Depression entsteht, in der ein Mensch feststellt, daß er von niemandem „gebraucht" wird. Was wir füreinander leisten, macht uns einander wert. Die daraus entstehende Leistungsethik wird uns von Jugend auf eingeprägt. Sie entspricht der Unbarmherzigkeit der Gesellschaft, die an Leistung das Überleben bindet, Leistungslosigkeit also mit dem Tode bedroht, Leistungsschwache mit materieller und psychischer Degradierung[1] straft und zur Sorge für Leistungsunfähige immer erst durch humane Impulse, die alles andere als selbstverständlich sind, gedrängt werden muß.

Wird der Wert eines Menschenlebens an dem Nutzen gemessen, den es für andere hat, so ist der Mensch für die anderen ein nützliches Ding –, gleichgültig, ob er zwangsweise zum instrumentum animatum (beseelten Werkzeug), wie die Römer ihre Sklaven bezeichneten, gemacht wird, zum „Menschenmaterial" in Fabriken und Armeen, oder ob er die Leistungsforderung so verinnerlicht hat, daß er selbst den Sinn seines Lebens in seinen Leistungen sieht. Leistungen, die mit anderen Leistungen entgolten werden, sind austauschbar, und austauschbar, ersetzbar sind deshalb auch die Leistenden!

Der Sinn transzendiert[2] den Nutzen; die so nötige Unterscheidung von Nutzen (samt Zweck) und Sinn impliziert[3] die Transzendierung[4] einer Gesellschaft, in der die Beziehungen der Menschen von der Kategorie des Nutzens beherrscht sind, auf eine »von Nützlichkeit emanzipierte Gesellschaft« hin, d. h. eine Gesellschaft, deren Einrichtungen und Regeln der »Möglichkeit zweckfreier Beziehungen« zwischen den Menschen dienen. Die Sinnwidrigkeit der Gesellschaft des Nutzens und des Habens liegt in der „Verarmung im Verhältnis zu anderen Menschen".

Erklärung der Fremdworte
1 Degradierung = Abwertung
2 transzendieren = übersteigen
3 implizieren = beinhalten
4 Transzendierung = Übersteigung

4 Ein Fall, wie er sich auch bei uns ereignen könnte – der Schüler Sven

Sven begann seine Schullaufbahn am Gymnasium recht ordentlich. Keine Spitzenleistungen, aber auch keine schulische Niete. Schon früh zeichnete sich sein sportliches Talent ab, so daß er leicht Freunde im Verein und in der Schule fand. Jahrelang ging das ganz gemütlich so, bis seine Eltern ihr Geschäft umbauten.

Sven mußte nun seinen Eltern in den Ferien und an manchen Nachmittagen helfen, zuerst nur beim Umbau, später dann sogar beim Verkauf. Das Gymnasium interessierte die Eltern ziemlich wenig, sie waren zu sehr in ihr Geschäft eingespannt. Die ersten schlechten Noten in der Schule, die nachlassenden sportlichen Leistungen beschäftigten Sven nicht sonderlich, aber die dauernde Ermahnung der Eltern zur Dankbarkeit, ihre dauernde Rede von Lebenschancen, wie gut er es doch hätte im Vergleich zu ihren Jugendjahren, daß er dafür ruhig auch etwas tun könne – all dies ging Sven allmählich auf die Nerven und führte zu ständigen Konflikten mit seinen Eltern. Die Schule rückte nun in immer weitere Ferne. Lustlos, abgelenkt saß er die Stunden ab. Zu oft ging ihm der Streit mit seinen Eltern durch den Kopf. Immer weniger Zeit und Kraft findet er, sich für die Schule einzusetzen, Kontakte zu Freunden zu halten. Die schlechten Noten in der Schule häufen sich. Ein Teufelskreis, Schule und Elternhaus belästigen und belasten ihn immer stärker, bis er beschließt, die Schule nach der 11. Klasse endgültig aufzugeben und sich einen Ausbildungsplatz als Graphiker zu suchen. Damit käme er auch mehr von seinen Eltern weg, er würde dann auf eigenen Füßen stehen. Guten Willens stellte er sich nun in mehreren Betrieben vor, ging regelmäßig auf das Arbeitsamt – überall nur Absagen! Freunde, Sport – all dies war nun immer unwichtiger. Die Eltern hatten nichts gegen seinen Entschluß, aber sie hatten auch keine Zeit, sich um einen Arbeitsplatz zu kümmern, für ihn zu suchen. Stundenlang verbrachte Sven in seinem Zimmer, allein, in Gedanken seiner Zukunft nachhängend. Selbst die Musik schaffte ihm keinerlei Abwechslung. Seine Mitschüler hatten kaum noch Kontakt zu ihm. Er war schnell vergessen. Isoliert, einsam hoffte er, daß sich für ihn etwas zum Besseren wendet. Aber wann?

5 B. Grom, J. Schmidt, Auf der Suche nach dem Sinn des Lebens

Sinn im Hinblick auf – Sinn in sich

Ich möchte zu Beginn eine Unterscheidung einführen, die uns helfen kann, den Sinnbegriff in einer ersten Weise zu differenzieren: Es gibt „Sinn im Hinblick auf", und es gibt „Sinn in sich". Den ersten nennen wir funktionalen Sinn, den zweiten absoluten Sinn. Funktionaler Sinn ist gegeben, wenn etwas sinnvoll ist im Hinblick auf einen äußeren Zweck. Beispiel: Den Führerschein zu machen ist nicht in sich sinnvoll, sondern im Hinblick auf den Zweck des späteren Autofahrens. Davon unterscheidet sich der absolute Sinn. Er ruht in sich und ist von keinem außerhalb seiner liegenden Zweck abhängig. Beispiel: das Autofahren selbst – allerdings nur dann, wenn damit nichts weiteres bezweckt wird, sondern es nur auf den Spaß am Fahren ankommt. Mag sein, daß dieses Beispiel nicht sehr überzeugt. Es gibt in der Tat deutlichere, etwa die Erfahrung, von der wir sehr ausführlich gesprochen haben, die Liebe. Bei ihr ist es evident. Sie hat ihren Sinn in sich selbst und nicht in einem äußeren Zweck.
Wie ist nun das Verhältnis zwischen den beiden Formen von Sinn zu denken? – Es ist leicht zu sehen, daß es nicht nur funktionalen Sinn geben kann und daß das Verlangen nach Sinn sich mit ihm nicht begnügen könnte. Denn würde der äußere Zweck des funktionalen Sinnes auf einen weiteren äußeren Zweck verweisen und so fort ohne jedes Endziel, dann wäre die ganze Kette nichts wert und der funktionale Sinn schon im Anfang sinnlos. Der funktionale Sinn muß also in einem absoluten Sinn sein Ziel finden, soll nicht all unser Tun und alles Geschehen sinnlos sein. Und so zielt auch die Sinnfrage auf in sich stehenden, absoluten Sinn.

6 Texte für das Referat in der 6. Stunde

I. Grundlegendes zu den Sinn-Erfahrungen

Sinn-Erfahrung als Weg-Erfahrung

„Wo liegt der Weg, der gesuchte?" fragt ein Einundzwanzigjähriger.
Werden Menschen verschiedenen Alters gebeten, in Wort und Bild festzuhalten, wann und wie sie in ihrem Leben Sinn oder Sinnlosigkeit erfahren haben, so schreiben sie spontan von ihrem bisher gelebten Leben als einem „Weg" oder sie zeichnen recht verschlungene Lebenslinien oder malen einen Zickzackweg. Symbolforscher weisen auf dieses Weg-Bild als eines der ältesten Symbole hin, das der Mensch für die Darstellung seines Lebens entwickelt hat. Schon im 4. Jahrtausend vor Christus erfolgte diese Wegzeichnung in der Form einer Spirale, später des Labyrinthes, was eine einmalige Tiefendimension bewirkte. Ist es Zufall, daß das deutsche Wort Sinn, das sich schon im Germanischen findet, etymologisch gesehen, soviel heißt wie „Weg", „Reise"? Auch große mythische Gestalten der Weltliteratur wie etwa Odysseus, Dante, Parzival, Simplicius, Faust sind wesentlich Weggestalten.
Weil Sinn als eine Sache der Erfahrung nicht definiert werden kann – „Ich glaube nicht, daß es eine allgemeine Formel gibt, um den Sinn des Lebens zu definieren", meint eine Siebzehnjährige –, greift der denkende Mensch auf das Bild des Weges zurück, und zwar der „Mann von der Straße" wie der Dichter und Wissenschaftler, die darüber am Schreibtisch reflektieren. Die Art und Weise, wie dieser Weg gedeutet wird, ist allerdings vielsagend. Es fällt auf, wie der im Jetzt und Heute stehende Mensch nach zurück und nach vorwärts fragt, nach dem Woher und Wozu dieses Weges. Er will seine Her- und Zukunft wissen. Schon die Upanischaden fragen: „Woher sind wir gekommen ... und wohin gehen wir?" Der Hinduismus wie der Buddhismus versuchen auf diese Wegfrage eine Antwort. Der Philosoph Ernst Bloch stellt analog in unseren Tagen diese Doppelfrage an den Eingang seines Werkes ‚Prinzip Hoffnung': „Wer sind wir? Wo kommen wir her? Wohin gehen wir?" Das Zweite Vatikanische Konzil greift eingangs der „Erklärung über das Verhältnis der Kirche zu den nichtchristlichen Religionen" die Frage sehr gezielt auf: „Was ist der Mensch? Was ist Sinn und Ziel unseres Lebens? ... Was ist der Weg zum wahren Glück? ... Was ist jenes letzte und unsagbare Geheimnis unseres Daseins, aus dem wir kommen und wohin wir gehen?"
Die Menschen erfinden viele Metaphern und Bilder, um sich als Wanderer und Pilger auf diesem Weg zwischen ungewisser Herkunft und unklarer Zukunft zu deuten. „Das Leben ist wie eine Schneeflokke", eine Spirale im „Teufelskreis", „ich bin wie ein Wanderer in der Nacht".
Der Mensch kommt sich auf diesem Weg vor wie „ein Ballspieler", zeitweilen wie ein „Clown", er probiert ein Ziel, ein „Seiltänzer bin ich von Kindsbeinen an", das schlimmste ist, daß es „ein Weg ohne Gräser, Blumen und Bäume" ist.
Menschen versuchen und probieren. Sie wollen weiterleben. E. Ionesco schreibt in seinem Tagebuch einmal, wenn es nur das Wozu nicht gäbe, dann wäre er wohl ein anderer Mensch. Im Grunde gibt es so viele Antworten, als es Menschen gibt, und in jedem Menschenleben wieder so viele, als es kritische Alltags-Situationen gibt, denen der Mensch sich stellen muß. Bei welchen Wegstationen fragt der Mensch aber am ausdrücklichsten nach Sinn? Das verraten die verschiedenen Weg-Zeichnungen. Plötzlich schlägt der

Weg eine andere Richtung ein oder er engt sich ein oder weitet sich aus, und darüber wird gar eine rote Sonne gemalt. Damit werden frohmachende und bedrückende Grenzerfahrungen bzw. Hoch- und Tief-Erfahrungen, Intensiv-Erlebnisse und plötzliche Einsichten signalisiert, von denen der Mensch überrascht und getroffen wird.

Der Mensch wird von einer konkreten negativen oder positiven Einzel-Erfahrung angerührt und damit wach für die Sinnfrage: Er beginnt ganz bestimmt nach dem Wozu und Woher seines Lebens zu fragen.

II. Die Erfahrung der Sinnfrage

Wonach wird gefragt?

Die Sinnfrage betrifft das Zentrum der Existenz. Nicht irgend etwas ist gefährdet oder verloren, ohne das, wie schmerzlich der Verlust auch sei, das Leben doch „sinnvoll" weitergehen kann, sondern es geht um radikale Bedrohung oder Verlorenheit. Es geht um das Ja oder Nein, das positive oder negative Vorzeichen zur ganzen Existenz. Wo das Nein erfolgt, ist der Mensch in der Wurzel getroffen. Geht sein Leben dennoch weiter, so sagt er, dies sei nun „kein Leben mehr", dies habe nun „keinen Wert mehr", dies sei nur noch „Vegetieren". Der Sinn-Verlust in der Mitte des Lebens kann, wenn nicht neuer Sinngewinn eintritt, auch zum äußeren Ende des Lebens führen, indem der Mensch nun sein Leben als wertlos wegwirft (durch Selbstmord oder im Abenteuer), oder indem er in seinem Lebenswillen gelähmt ist, verwahrlost oder dahinsiecht, weil er, wie er sagt, nicht mehr weiß, „wofür er lebt", „worauf das alles hinaus soll".

Dieses „Wofür" und „Woraufhin" zeigt an, daß der Mensch in Beziehungen existiert, ohne die er nicht leben kann. Werden diese Beziehungen abgeschnitten durch den Tod oder durch ihren Verlust, so bleibt nur noch seine Existenz als solche übrig – entweder als gewesene oder als weitergehende –, und sie erscheint ihm „ohne Wert". Das, was ihn seine Existenz schätzen, sein Leben lieben läßt, liegt also in diesen Beziehungen. Würden sie über seinen Tod hinaus dauern, würde auch der Tod an ihnen nichts ändern, so könnte ihn das auch mit seinem Tod, mit dem Nicht-Dauern seiner Existenz, versöhnen. Finden sie schon während dieses Lebens ihr Ende, so kann ihn das nicht einmal mit seinem Leben versöhnen, so kann ihn über das Ende dieser Beziehungen nicht einmal das Nicht-Ende seiner Existenz, das Weitergehen seines Lebens trösten. Er sagt, er wäre lieber tot, es sei ihm leid, dies überleben zu müssen, und sehnt sich nach seinem eigenen Tod.

Dieses In-Beziehung-Sein spricht sich aus in der Frage nach dem Wofür und Wozu. Der Trost, mit dem die Klage nach dem Verlust des „Wofür" beantwortet wird, muß dann ein neues Wofür an Stelle des verlorenen oder ein umfassenderes und weiterdauerndes Wofür unabhängig von dem verlorenen angeben können. Der Trost muß also dem Tode begegnen können, wenn das bisherige Wofür stirbt. Dem Zusammenhang der Sinnfrage mit dem Todesgeschick wird sorgsam nachzugehen sein.

Beschreibung weiterer Sinnerfahrungen

7 Naturerlebnis als Sinnerfahrung?

Kreuzen Sie bitte an, in welcher Häufigkeit und wie Sie im letzten halben Jahr Natur erlebt haben:

1. Was ist wichtiger für Ihr inneres Gleichgewicht

   Naturerleben　　Musikhören　　beides

   Im letzten halben Jahr bin ich spazierengegangen

   sehr oft　　manchmal　　selten　　nie

   Ist das Erleben der Natur im Wald, im Gebirge oder am Wasser für Ihr Wohlbefinden wichtig?

   wichtig　　sehr wichtig　　kaum wichtig　　unwichtig

2. Warum ist die Natur Ihnen wichtig, bzw. unwichtig?
   Bitte kreuzen Sie nur zwei Punkte an!

wichtig	unwichtig
zur inneren Entspannung	Spaziergang als Zeitverlust
zum Überlegen	Naturerleben als unproduktiv
zum Träumen	langweilig
zum Verarbeiten von Sorgen	zu eintönig
(nur) aus Bewegungsgründen	Natur zu stumm
Ahnung von der Größe und Weite Gottes	
Lob der Schöpfung	

3. Wie beurteilen Sie diese Sätze aus dem Gedicht „Die Wälder" von E. Kästner: „Die Wälder schweigen. Doch sie sind nicht stumm. Und wer auch kommen mag, sie trösten jeden."

   nie eine solche Erfahrung gemacht
   stimmt
   unmöglich

4. Welches Naturerlebnis spricht Sie in welcher Jahreszeit am meisten an? Sie können mehrere Punkte ankreuzen.

	Frühjahr	Sommer	Herbst	Winter
keines				
Wälder				
Gebirge				
hügelige Landschaft				
Felder				
Wiesen				
Bäche				
Seen				
Wasserfall				
das Meer				

5. Können Sie in einem Satz zusammenfassen, warum Sie das betreffende Naturerlebnis am meisten anspricht?

(z. B. Wälder, weil sich beim Laufen im Wald innere Spannungen lösen,
weil . . . .
weil . . . .).

8 J. Prévert, Das Frühstück

Er goß den Kaffee
In die Tasse
Er goß die Milch
In die Kaffeetasse
Er tat den Zucker
In den Milchkaffee
Mit dem kleinen Löffel
Rührte er den Kaffee um
Und trank ihn
Er stellte die Tasse ab
Ohne ein Wort
Er zündete
Eine Zigarette an
Er blies Ringe
Aus Rauch
Er streifte die Asche
In den Aschenbecher
Ohne ein Wort
Ohne einen Blick
Er setzte den Hut auf
Er zog den Regenmantel an
Denn es regnete
Er ging
Ohne ein Wort
Ohne einen Blick
Und ich
Schlug die Hände vors Gesicht
Und weinte.

9 Zwei Texte zu „Liebe und Freundschaft als eine zentrale Sinnerfahrung“

I. K. Marti, Beschreibung einer Schülerfreundschaft

Und tiefblau immer der Himmel, nahegerückt die nidelhelle Alpenkulisse hinter Wäldern und Hügeln. Auf dem Aussichtsmäuerchen sitzt ein Mädchen, neben ihr ein junger Blondschopf, fünfzehn-, sechzehnjährig vielleicht, beide in Jeans. Die Schulmappen haben sie beiseite gelegt, um sich umfassen, streicheln zu können, um zu murmeln, zu lachen, mit den Lippen die Landschaft ihrer Gesichter zu entdecken, die Schulaufgaben in ihren Mappen müssen fürs erste noch warten, haben Zeit, Aufgaben gibt's, die wichtiger sind: einen anderen Menschen kennenzulernen zum Beispiel, ihn zu entdecken, von ihm entdeckt zu werden (was ist die Entdekkung Amerikas dagegen?), Gefühle in Worte zu fassen, mit Worten, Andeutungen zu spielen wie mit Fingern, mit Haaren (lernt man das im Deutschunterricht?), einander zuzulächeln, Wünsche zu erraten, Pläne zu schmieden, Wahn zu dämpfen, die Freuden der Realität zu genießen (Autodidakten aller Länder vereinigt euch!). Wer weiß, ob die beiden noch einmal so intensiv werden erleben und fühlen können wie jetzt, wie hier in der spontanen Unbedingtheit ihres Glücks aneinander, an dem ich vorüberflaniere, erfreut, ermuntert auf nicht definierbare Weise.
Das Ungeheuer Zärtlichkeit.

II. B. Grom, J. Schmidt, Was ist Liebe?

Wir wollen mit einer sehr einleuchtenden und zugleich ganz elementaren Sinnerfahrung beginnen, mit der Liebe.
Man hat verschiedentlich bemängelt, daß es in der deutschen Sprache nur ein Wort (jedenfalls nur ein gebräuchliches Wort) für Liebe gibt. Aber darin liegt auch eine tiefe Wahrheit. Denn in den verschiedenen Gestalten, in denen Liebe erscheint, bleibt sie doch auch identisch. Stets geht es in ihr um das Annehmen des anderen oder um die Erfahrung des Angenommenseins. Dabei meint diese Annahme stets den Menschen um seiner selbst willen, also nicht im Hinblick auf einen außerhalb seiner liegenden Zweck. Wo dieser Bezug gegeben ist, müssen wir von Liebe sprechen.
Liebe ist Annahme, Bejahung ohne irgendein „damit“ und „um zu“, d.h., sie ist in sich sinnvoll. Liebe sagt: „Gut, daß es dich gibt!“ Und sie sagt dies ohne Vorbehalte und Hintergedanken. In allen Formen der Liebe ist dieses Ja zum anderen vorhanden, von der Mutter-Kind-Beziehung über das Verhältnis der Eheleute zueinander und der Treue einer Freundschaft bis hin zur mitmenschlichen Solidarität ganz allgemein.

Bedrohung der Sinnerfahrung

10 J. Lusseyran, Das wiedergefundene Licht

So war es dann auch: ich lebte noch elf Monate im Lager. Doch von diesen dreihundertdreißig Tagen äußerster Not habe ich heute nicht eine einzige schlechte Erinnerung zurückbehalten. Ich wurde von einer Hand getragen. Ich wurde von einer Schwinge beschützt. Man kann solche lebhaften Empfindungen nicht beim Namen nennen. Ich hatte es kaum nötig, an mich selbst zu denken. Eine solche Sorge wäre mir lächerlich erschienen. Ich wußte, es war gefährlich, und es war verboten. Ich konnte endlich den anderen helfen. Nicht immer, nicht viel, doch auf meine Weise konnte ich ihnen helfen. Ich konnte ihnen zu zeigen versuchen, wie man am Leben bleibt. Ich barg in mir eine solche Fülle an Licht und Freude, daß davon auf sie überfloß ...

Man weckte mich oft bei Nacht und führte mich – manchmal recht weit – in einen anderen Block, damit ich einen anderen tröste.

Fast alle vergaßen, daß ich Student war: ich wurde „der blinde Franzose".

11 Stellungnahme zweier Schüler zu dem Zitat von Epikur und Valéry

Frage

Es wird sehr oft die These vertreten, daß das Sterben und der Tod etwas ganz am Ende des Lebens seien (vgl. Epikur). Dagegen steht der Satz Valérys: „Der Tod dauert das ganze Leben. Aller Vermutung hört er auf, sobald er eintritt".

Versuchen Sie bitte begründet zu einer der beiden Thesen Stellung zu beziehen.

1. Schülerantwort

Ich würde der These Epikurs zustimmen: Der Tod steht am Ende des Lebens. Diese Ansicht begründet sich in meiner Definition des Todes. Für mich ist der Tod ein einmaliges Ereignis, das das bisherige Leben auf dieser Erde beendet. Was, oder ob danach etwas kommt, läßt sich nur mutmaßen und als Glaube definieren.

Die These, die Valéry vertritt, ist sicher auch bis zu einem gewissen Grade richtig. Die Aussage, die dahinter steht, würde ich auch vertreten. Ich störe mich nur an dem Wort Tod, das nicht mit meiner Definition zu vereinbaren ist. Es ist vollkommen richtig, daß wir uns mit jedem Tag dem Tod nähern; aber diese Tatsache ist doch nicht der Tod selbst. Sicher verlieren wir mit zunehmendem Alter an Kraft und Energie. Natürlich verändert sich unser Körper, er wird in seiner Leistungsfähigkeit eingeschränkt; Krankheiten häufen sich und Schwächen werden sichtbar. Doch diese natürlichen Veränderungen sind nach meiner Überzeugung das Leben selbst und nicht das Sterben oder der Tod. Das Leben besteht aus dauernden Veränderungen unseres physischen und psychischen Zustandes. Während des Lebens als Säugling bis zum Leben als Greis erleben wir ständige Veränderungen. Unsere biologischen Möglichkeiten ändern sich, das

heißt nicht, daß das negativ ist! Ich glaube, daß der Satz Valérys auf einer verfehlten Definition des Lebens beruht. Wenn die natürliche Veränderung und schließlich der Verfall des Körpers nicht als Teil des Lebens akzeptiert wird, bleibt wohl nur der von Valéry gezogene Schluß als Deutung menschlichen Lebens.
Für mich geht das Leben von der Geburt bis zu dem Punkt, an dem das Leben auf dieser Erde endet, dem Tod. Was dazwischen ist, ist Leben.

2. Schülerantwort
Ich nehme zu der These Stellung, daß der Tod „etwas ganz am Ende des Lebens sei". Wenn ein Kind sich vom hilflosen Säugling zu einem leistungsfähigen, starken Menschen entwickelt, so hat das für mich nichts mit dem für uns eher negativen Begriff „Tod" zu tun. Man sagt nicht umsonst, „der Mensch lebt ca. 65 Jahre" und nicht „der Mensch stirbt ca. 65 Jahre". Für mich steht der Tod am Ende des Lebens, bei Kranken und Alten kündigt er sich früher an, manchmal überrascht er einen plötzlich, den Anfang jedoch bildet das Leben. Man darf nicht das ganze Leben hindurch nur den Gedanken vor Augen haben, daß man stirbt, denn dadurch verliert das Leben noch mehr an Sinn, als dies ohnehin schon der Fall ist. Natürlich soll man sich mit dem Tod auseinandersetzen, aber man soll ihn als Ende des Lebens verstehen.
Biologisch gesehen kann man das Leben als Ablaufen einer aufgezogenen Uhr betrachten: Das Material, aus dem der Mensch ist, wird mit jedem Tag schlechter und zerfällt immer mehr. Aber wenn wir das Leben nur biologisch betrachten würden, wären Philosophie, Religion und diese Dinge völlig überflüssig.

12 B. Brecht „Gegen Verführung“

Laßt euch nicht verführen!
Es gibt keine Wiederkehr.
Der Tag steht in den Türen;
Ihr könnt schon Nachtwind spüren:
Es kommt kein Morgen mehr.

Laßt euch nicht betrügen!
Das Leben wenig ist.
Schlürft es in schnellen Zügen!
Es wird euch nicht genügen
Wenn ihr es lassen müßt!

Laßt euch nicht vertrösten!
Ihr habt nicht zu viel Zeit!
Laßt Moder den Erlösten!
Das Leben ist am größten:
Es steht nicht mehr bereit.

Laßt euch nicht verführen
Zu Fron und Ausgezehr!
Was kann euch Angst noch rühren?
Ihr sterbt mit allen Tieren
Und es kommt nichts nachher.

H. Küng, Eine theologische Umkehrung

Laßt euch nicht verführen!
Es gibt eine Wiederkehr.
Der Tag steht in den Türen;
Ihr könnt schon Nachtwind spüren:
Es kommt ein Morgen mehr.

Laßt euch nicht betrügen!
Das Leben wenig ist.
Schlürft nicht in schnellen Zügen!
Es wird euch nicht genügen
Wenn ihr es lassen müßt!

Laßt euch nicht vertrösten!
Ihr habt nicht zu viel Zeit!
Faßt Moder die Erlösten?
Das Leben ist am größten:
Es steht noch mehr bereit.

Laßt euch nicht verführen
Zu Fron und Ausgezehr!
Was kann euch Angst noch rühren?
Ihr sterbt nicht mit den Tieren
Es kommt kein Nichts nachher.

13 V. Gardavsky, Mein Tod und die Hoffnung

Der individuelle Tod ist *mein* Tod, das läßt sich nicht wegdiskutieren. Er ist meine Gewißheit für die Zukunft. (...) Seine Last, seine Tragik, all das um dessentwillen das menschliche Leben ein Schmerz über die Endlichkeit genannt wurde, kommt aber nicht nur aus dem reinen Individuellen, sondern daher, daß wir in überindividuelle Bezüge verflochten sind. Ein Tier, auch ein Säugling, der noch nicht sprechen kann, empfindet beim Sterben noch nicht diesen Schmerz. Er ist nur dem in die Gemeinschaft verflochtenen Menschen vorbehalten. Drum geraten wir auch mit unseren Erwägungen über den Tod nirgends hin (außer in die Mystik), wenn wir nicht zugleich über die Beziehungen des Einzelnen zur Gesellschaft nachdenken. Ich sterbe – das heißt: ich werde mein Werk nicht zu Ende führen, ich werde die, die ich geliebt habe, nicht mehr sehen, ich werde Schönheit und Trauer nicht mehr empfinden. In meinen Sinnen wird nicht mehr die unwiederholbare Musik dieser Welt wiederklingen ... Der Tod ist so schrecklich wegen *dieses* Verlustes an Beziehungen: Unser Inneres hört auf der Schnittpunkt zu sein, an dem Begegnungen stattfinden. Um so unvermeidbarer wird es, diese Gewißheit unserer individuellen Zukunft im Leben bewußt gegenwärtig zu haben; dementsprechend so zu leben, daß ich in jede Bezie-

hung, die durch mich hindurchgeht, ein Maximum meines Lebens hineinlege: als sollte ich morgen sterben.
Wer an Gott glaubt und an eine unsterbliche Seele, der hat auch in seinem letzten Stündlein eine Hoffnung; er schiebt seinen Tod noch um ein Weilchen hinaus. Ich habe diese Hoffnung nicht. Deshalb erscheinen mir alle meine Beziehungen in durchsichtiger Klarheit, nicht vernebelt durch mystische und trügerische Erwartungen von etwas, was nach dem letzten Versinken folgen wird. Jede meiner Beziehungen trägt das Zeichen des Todes.
...
Selbst ohne Hoffnung auf die Ewigkeit, dem Tod unterworfen, werde ich zur Hoffnung für andere, die mich überleben: Wenn unter mein Leben der Schlußstrich gezogen wird, dann ist die Summe, die verbleibt, die unerläßliche Vorbedingung ihres Lebens. Gewiß auch ihr Leben wird in der gleichen Hoffnungslosigkeit enden. Aber nur um diesen höchsten Preis, um den Preis der persönlichen Niederlage, wird die Hoffnung wachgehalten als eine Unabdingbarkeit des menschlichen Daseins überhaupt, als Hoffnung der menschlichen Gesellschaft auf die Zukunft.

Erklärung der Fremdworte

individuell = den Einzelmenschen betreffend, persönlich
Mystik = Versenkung in die eigene Seele

14 B. Welte, Versuch zur Frage nach Gott

Aber es bleibt doch immer die Frage: Wenn alles doch einmal zunichte wird: sind dann die immanenten Sinnerfüllungen wirklich und im Ernst relevant? Wenn alles einmal und dann endlos Nichts sein wird, haben dann Liebe und Treue wirklich noch einen Sinn? Kann man dann noch den Unterschied zwischen Gerechtigkeit und Ungerechtigkeit, zwischen Wahrheit und Lüge, zwischen Freiheit und Knechtschaft im Ernst aufrechterhalten? Worauf läuft es dann hinaus, wenn bedeutende und reine Menschen ihr Leben dem Dienst am Kranken oder dem selbstlosen Dienst an Freiheit und Gerechtigkeit widmen? Auf Nichts? Und schärfer noch erheben sich analoge Fragen angesichts negativer Erfahrungen und Tatbestände. Darf man denken, das Leiden der Unschuldigen sei sinnlos? Darf man und kann man denken, die großen Fragen, die Dostojewski ebenso wie Albert Camus gestellt haben angesichts des Leidens, hätten keine Antwort? Ist aber alles früher oder später einmal Nichts, dann haben sie wirklich keine Antwort. Und dann helfen die kurzfristigen Antworten auch nichts. Das prophezeite zukünftige Paradies ist keine echte Lösung des Problems. Denn wenn nur die letzte Generation in dieses eintreten kann und alle anderen vorher dem Nichts preisgegeben wurden und wenn gar, woran zu denken wir allen Anlaß haben, auch dieses prophezeite künftige Paradies seinerseits dem Nichts preisgegeben sein wird: worauf läuft dann das Ganze hinaus: auf Nichts? Wenn alles, das Böse wie das Gute, das Glück wie das Unglück, schließlich gleichgültig zum alten Eisen des Nichts geworfen werden, unterschiedslos, und dort liegenbleibt für immer, hat es dann wirklich noch einen Sinn, sich zu engagieren für Wahrheit und Gerechtigkeit eher als für Lüge und für Ungerechtigkeit?

Erklärung der Fremdworte
immanent = innerweltlich
analog = entsprechend

Darstellung alltäglicher Sinnkrisen

15 Situationsbeschreibung eines Gelangweilten vor einem Spielautomaten

Vor einem ...

Na, hoffentlich kommt jetzt die richtige
Zahl
Schade.
Da drehen sich die Zahlenscheiben.
Ich kann sie bremsen,
kann verlieren, kann gewinnen.
Spielerei mit Hoffnung;
kleiner Einsatz, zehnfacher Gewinn.
Trostloser Apparat,
wieder daneben!
Nochmal!
Soll ich jetzt drücken?
Der richtige Augenblick,
die falsche Zahl,
aus.
Wie das Leben ...
Noch ein Versuch,
einmal muß es doch klappen!
Ich laß das Spiel laufen
mal sehen, was passiert!
Auch nichts.
Warum nur ...?
Das letzte Spiel jetzt
und dann Finger weg.
Bin ich eigentlich die Niete?
Liegt es bloß an dem Kasten?
Egal, laß laufen,
trink dein Bier und geh.
Was soll's.

16 W. Schaube, Eine lähmende Bestie

Langeweile! Gemeint ist damit die fade Un-Zeit, der man mit Kreuzworträtseln und anderen Waffen aus dem Kiosk nebenan den Krieg erklärt.

Daß kein Mensch heutzutage mehr Zeit hat, sich Zeit läßt oder Zeit nimmt, gehört in unserem vermanagten Alltagstrott beinahe zum guten Ton; trotzdem (vielleicht auch gerade deshalb) kennt jeder das Phänomen Langeweile. Sei es die siebzehnjährige Friseuse („Ich lese fast jeden Abend einen Liebesroman aus!") oder der alternde Generaldirektor („Vorsicht, meine Zinnsoldaten!"), sie kennen den Daseins-Leerlauf allzu gut, einer wie der andere. Zum Zeitvertreib zu müde und vom Nichtstun geplagt, taumeln sie im Föhn der Langeweile, wittern so etwas wie Sinnlosigkeit und schmecken das abgestandene Leben. „Soll ich? Nein! Oder doch? Ach, laß!" – wer kennt diese Unschlüssigkeit mit sich selbst nicht, die auch dadurch nicht aufgehoben wird, daß man die Mattscheibe wahllos flimmern läßt. Eine verschwiegene Seuche fordert Tag für Tag ihre Opfer. Sie bahnt der Resignation jede nur gewünschte Gasse. Unzufriedenheit und tausend andere böse Folgen prägen die Gelangweilten. Was nützt eine Gewerkschaft, die zum Wohle der Arbeitnehmer für die 35-Stunden-Woche kämpft, aber nicht gleichzeitig großangelegte Freizeitprogramme für die verlassenen und hilflosen Freizeitler entwickelt? Was wird die Kirche leisten müssen, wenn eine Zeitschwemme über uns hereinbricht, wenn in den Gemeinden das große Fragen anhebt? Wie wird jeder einzelne von uns mit dem „Gespenst Ruhe" fertig werden? Vielleicht wird die Unerträglichkeit von Langeweile zu einer Chance, zu einem neuen Aufbruch. Gewiß, eine fragliche Hoffnung, mehr noch ein sicherer Irrtum, wenn man in dieser Frage bei Tucholsky Antwort sucht. Er ist der Ansicht, daß alle Menschheitsprobleme ungelöst bleiben, da sie von einer gelangweilten Menschheit liegengelassen werden. So spricht der Satiriker – hoffentlich hat er unrecht!

Ein alternativer Sinnentwurf zum christlichen Glauben

17 A. Camus, Der Mythos von Sisyphos

Eine Welt, die sich – wenn auch mit schlechten Gründen – deuten und rechtfertigen läßt, ist immer noch eine vertraute Welt. Aber in einem Universum, das plötzlich der Illusionen und des Lichts beraubt ist, fühlt der Mensch sich fremd! Aus diesem Verstoßensein gibt es für ihn kein Entrinnen, weil er der Erinnerungen an eine verlorene Welt und Heimat beraubt ist. Dieser Zwiespalt zwischen dem Menschen und seinem Leben, zwischen dem Schauspieler und seinem Hintergrund ist eigentlich das Gefühl der Absurdität.

Ich sagte, die Welt sei absurd, und ging damit zu rasch vor. An sich ist diese Welt nicht vernünftig – das ist alles, was man von ihr sagen kann. Absurd ist aber die Gegenüberstellung des Irrationalen und des glühenden Verlangens nach Klarheit, das im tiefsten Innern des Menschen laut wird. Das Absurde hängt ebenso vom Menschen ab wie von der Welt. Es ist zunächst das einzige Band zwischen ihnen.

18 A. Camus, Die Pest

Paneloux schaute diesen von der Krankheit beschmutzten, vom Schrei aller Zeiten erfüllten Kindermund an. Und er ließ sich auf die Knie gleiten, und alle fanden es natürlich, als sie ihn mit erstickter Stimme sagen hörten:
„Mein Gott, rette dieses Kind!“ ...
Mit offenem, aber stummem Mund ruhte das Kind inmitten der durcheinandergewühlten Decken; es war plötzlich klein geworden und auf seinem Gesicht sah man noch die Spuren seiner Tränen. Paneloux näherte sich dem Bett und machte die Gebärde des Segnens. ... Rieux wandte sich Paneloux zu.
„Es gibt Zeiten in dieser Stadt, da ich nur mehr meine Empörung spüre. –“
„Ich verstehe“, murmelte Paneloux.
„Es ist empörend, weil es unser Maß übersteigt. Aber vielleicht sollen wir lieben, was wir nicht begreifen können.“
Rieux richtete sich mit einem Schlag auf. Mit der ganzen Kraft und Leidenschaft, deren er fähig war, schaute er Paneloux an und schüttelte den Kopf.
„Nein, Pater,“ sagte er. „Ich habe eine andere Vorstellung von Liebe. Und ich werde mich bis in den Tod hinein weigern, die Schöpfung zu lieben, in der Kinder gemartert werden.“
Ein bestürzter Schatten huschte über Paneloux Gesicht.
„Ach, Herr Doktor,“ sagte er traurig, „eben habe ich erkannt, was man Gnade heißt“. Aber Rieux war erneut auf seiner Bank zusammengesunken. „Die habe ich nicht, ich weiß. Aber ich will nicht mit Ihnen darüber streiten. Wir arbeiten miteinander für etwas, das uns jenseits von Lästerung und Gebet vereint. Das allein ist wichtig.“

19 Antwortversuche aus christlicher Sicht zur Frage des Leides und des Gottesglaubens

I. „Unser Glaube läßt keinen Fatalismus zu. Weder Sünde noch Leid muß man einfach als Schicksal akzeptieren oder als Willen Gottes respektieren. Nein! Er will gerade, daß wir sie bezwingen; das ist sein Auftrag an eine Menschheit, die fortschreitet in der Geschichte!"

II. „Ohne diesen Jesus von Nazaret, der am Kreuz gestorben ist und am dritten Tag auferstand von den Toten, könnte ich wahrscheinlich die Welt, die Geschichte, alles das, was rings um mich her geschieht ... in seiner Vergeblichkeit und Erfolglosigkeit nicht sinnvoll finden, sinnvoll trotz allem ... Aber in Jesus hat mir Gott gesagt, daß er bei mir ist, überall und immer, daß er mitmacht, daß er mein Verbündeter ist, mein Waffenbruder, mein Gefährte."

III. Gewiß ist, daß wir immer in der Nähe und unter der Gegenwart Gottes leben dürfen und daß dieses Leben für uns ein ganz neues Leben ist; daß es für uns nichts Unmögliches mehr gibt, weil es für Gott nichts Unmögliches gibt; daß keine irdische Macht uns anrühren kann ohne Gottes Willen, und daß Gefahr und Not uns nur näher zu Gott treibt; gewiß ist, daß wir nichts zu beanspruchen haben und doch alles erbitten dürfen; gewiß ist, daß im Leiden unsre Freude, im Sterben unser Leben verborgen ist; gewiß ist, daß wir in dem allem in einer Gemeinschaft stehen, die uns trägt. Zu all dem hat Gott in Jesus Ja und Amen gesagt.
Dieses Ja und Amen ist der feste Boden, auf dem wir stehen. Immer wieder in dieser turbulenten Zeit verlieren wir aus dem Auge, warum es sich eigentlich zu leben lohnt. Wir meinen, weil dieser oder jener Mensch lebe, habe es auch für uns Sinn zu leben. In Wahrheit aber ist es doch so: Wenn die Erde gewürdigt wurde, den Menschen Jesus Christus zu tragen, wenn ein Mensch wie Jesus gelebt hat, dann und nur dann hat es für uns Menschen einen Sinn zu leben. Hätte Jesus nicht gelebt, dann wäre unser Leben trotz aller anderen Menschen, die wir kennen, verehren und lieben, sinnlos. Vielleicht entschwindet uns jetzt manchmal die Bedeutung und Aufgabe unseres Berufes. Aber kann man sie nicht in einfachster Form so aussprechen?

Systematische und biblische Antworten des christlichen Glaubens zur Sinnfrage

20 Gotteserfahrung heute

Text 1

„*Mit Gottes Liebe* das Leben und die Menschen *lieben* – um der unendlichen Möglichkeit willen,
warten wie er,
beurteilen wie er,
ohne zu verurteilen,
dem Befehl gehorchen, wenn er ergeht,
und niemals zurückschauen –
dann kann er dich brauchen – dann, vielleicht, braucht er dich.
Und wenn er dich nicht braucht: in seiner Hand hat jede Stunde
einen Sinn, hat Hoheit und Glanz und Zusammenhang."

Text 2

Im Zug redet
einer von Gott.

Die Leute schauen Löcher
in den Mann.

Dann lächeln sie
verständnisvoll
und frösteln.

21 H. Fries, In welchem Sinn hat Gott mit der Sinnfrage zu tun?

Text 1

In welchem Sinn hat Gott mit der Sinnfrage zu tun?

Gott ist als Schöpfer Grund und Ziel der Welt, des Menschen und eines jeden Menschenlebens und der Geschichte. Als solcher ist er derjenige, der das Ganze trägt, kennt und leitet, also jene Wirklichkeit, auf die die Sinnfrage bezogen ist. Von der Sinnfrage aus und von ihren Implikaten her läßt sich vielleicht – gerade heute – ein neuer Zugang zu Gott als Grund und Ziel aller Dinge erheben. Durch die Schöpfung hat Gott der Welt und den Dingen einen Sinn gegeben, der über der Verwertbarkeit und Nützlichkeit liegt. Es ist jener Sinn, den die Genesis mit dem Wort beschreibt: „Gott sah, daß es gut war" (Gen 1). Weil der Schöpfer auch der Erhalter der Welt ist und der Schöpfer der Zeit auch der Herr der Geschichte, weil der Herr des Menschen auch sein Ziel ist, so ist durch diese auf Gott bezogene Dimension der Welt, der Geschichte, dem Ganzen ein Sinn vermittelt durch den, der der Grund des Ganzen ist und von dem Sinn zu erwarten und zu erhoffen ist.

Wenn von diesem Schöpfer gesagt wird, er sei der „allmächtige Vater", und wenn es zum Vater gehört, Ursprung des Lebens und der Liebe zu sein, so liegt in dieser dem Ganzen der Welt und dem Menschen zugewendeten Macht und Liebe eine weitere Sinnbestimmung für das, was uns in Welt, Dasein und Geschichte begegnet.

Gewiß habe ich damit, daß ich Gott ins Spiel bringe, selbst noch nicht in allem und jedem den Sinn durchschaut, aber ich kann mich im Glauben dem anvertrauen, der um den Sinn weiß, der diesen Sinn kennt, der mir im Glauben daran Anteil gewährt und es mir dadurch ermöglicht, ein Urvertrauen zu haben und eine Hoffnung und Zuversicht für das Ganze meines Lebens, auch dann, wenn ich nicht alle Einzelheiten in ihren Zusammenhängen durchschaue. Auch im Fragment kann mir das Ganze zuteil und gewährt werden. Den bekannten Vers der Skepsis und Verwunderung: „Ich komm – weiß nit woher; Ich geh – weiß nit wohin; Mich wundert, daß ich fröhlich bin“ hat Martin Luther umgeschrieben in folgender Weise: „Ich komm – weiß wohl woher; Ich geh – weiß wohl wohin; Mich wundert, daß ich traurig bin.“

Text 2

Gott hat mit Sinn zu tun, weil er die sinngebende, *sinngewährende Instanz* bleibt auch dort, wo kein innerweltlicher Wert, kein Nutzen, keine Leistung, keine Brauchbarkeit mehr aufleuchtet, dort, wo man vom lebensunwerten Leben sprach und heute wieder zu sprechen in Gefahr kommt: bei den Ungeborenen, bei den unheilbar Kranken, bei den „Erloschenen“, wo die Passivität die einzige Form ist, in der Dasein sich vollzieht. Auch über diesen Menschen hat Gott seine Schöpfermacht und Liebe ausgebreitet, auch wenn wir die Zusammenhänge im einzelnen nicht kennen. Auch dieser Mensch ist Geschöpf Gottes, ist sein Bild und Gleichnis, auch wenn das äußerlich gesehen bis zur Unkenntlichkeit verdeckt erscheint. Jeder Mensch hat eine ihm verliehene Würde und ist deshalb unantastbar, er verlangt nach unserer Hilfe und Barmherzigkeit, nach Schutz und Annahme.

Wenn aber diese von Gott gewährte Garantie für die Menschenwürde ausfällt, wo kann es einen Schutz, eine Hoffnung für den geben, der den Normen und Zwängen der Leistungs- und Produktionsgesellschaft nicht entspricht und der damit seine Nutzlosigkeit dokumentiert? Womit sonst als mit Berufung auf die *Gottunmittelbarkeit eines jeden Menschen* als Person kann man den Menschen und kann der Mensch sich davor bewahren, Mittel zu irgendeinem Zweck zu sein, der vom Menschen selbst verschieden ist, und von irgendeinem „imperativen Mandat“ vereinnahmt zu werden?

In seinem Buch „Wozu ist das Christentum gut?“ sagt Heinz Zahrnt auf die Frage: „Wozu brauchen Sie eigentlich Gott?“ „Im Sinn des Nutzeffekts, um gut durchs Leben zu kommen, um den Staat zu stützen und die Gesellschaft zu verändern, braucht der Mensch Gott nicht. Gott ist vielmehr der ganz und gar nicht Notwendige im Leben des Menschen, aber gerade darum das, was ihm allein not tut. Denn nur dieses Nichtnotwendige bewahrt den Menschen davor, seinerseits unter dem Gesichtspunkt von Nutzen und Notwendigkeit verrechnet, verwendet und geopfert zu werden. An Gott um Gottes willen zu erinnern und damit dem Menschen sein wahres Maß und seine Würde erhalten helfen – dazu ist das Christentum gut. Indem es dies tut, trägt es zum Ausgleich des geistigen Haushalts der Zeit bei und leistet damit einen originalen Beitrag zum Leben des einzelnen und der Gesellschaft.“ „Wenn Gott tot ist, ist der Mensch nichts mehr wert. Während sie heute vom Tode Gottes schwätzen, breitet sich die Tötung der Menschen aus. Das Töten Gottes tötet den Menschen.“

Text 3

Gott hängt mit der Frage nach dem Sinn des Lebens zusammen, denn er ist, um mit Heinz Zahrnt zu sprechen, „unten angekommen: in *Jesus von Nazaret*“. Dies bedeutet: durch das sich Einlassen in die volle und extreme Menschlichkeit hat Jesus ein Leben gelebt, das in der Einheit mit dem, den er seinen Vater nennt, und durch den darin gewährten unauflöslichen Zusammenhang des Lebens und Handelns dem menschlichen Dasein einen Sinn gab, nicht so, daß dieses Leben voller Harmonie, ohne Schatten und ohne all das gewesen wäre, was in uns die Sinnfrage provoziert. Es gibt äußerlich gesehen keine größere Sinnlosigkeit als ein Leben, an dessen „Anfang der Stall und an dessen Ende der Galgen" (W. Jens) steht, die Passion, der Tod und das Kreuz dieses Menschen, von dem es heißt, „er starb, weil er gut war". Aber in diesem Leben gab es nichts, das keinen Bezug zu Gott seinem Vater gehabt hätte; es gab nichts, das ihn von Gott dem Vater hätte trennen können. Damit aber war Sinn gegeben und gelebt.

Hier ist etwas sehr Wichtiges zu sagen: Religionsgeschichtlich gesehen gelten Unglück, Leiden, Krankheit und Tod nicht nur zumeist als einfache Verrechnung von Schuld und Strafe, die oft genug in einem unaufhörlichen Kreislauf gedacht werden, wie etwa im Hinduismus, sie gelten vielmehr als Zeichen der Abwesenheit Gottes, seines Zornes. *Gott und das Leiden gelten als unvereinbar.* Diese Unvereinbarkeit hat Jesus durchbrochen und durchstoßen. Sein Leben ist das Zeugnis dafür, daß Armut, Verlassenheit, Passion und Tod Weisen der Begegnung mit Gott sein können und damit einen Sinn bekommen, der mit Gott dem Vater verbunden bleibt. Jesu Schrei am Kreuz in die Nacht der Gottverlassenheit ist keine Bankrotterklärung, kein Abschiednehmen von Gott, es ist der Ruf nach dem Du dessen, der ihn scheinbar losgelassen hat und dessen Hände er dennoch ergreift, in den er sich mit dem Ruf stürzt: „Vater, in deine Hände empfehle ich meinen Geist" (Lk 23,46) und dabei nach dem Johannesevangelium als letztes Wort spricht: „Es ist vollbracht" (Joh 19,30).

Jesus nachfolgen heißt: seinen Weg gehen, den Existenzentwurf seines Lebens übernehmen, heißt glauben, wie Jesus glaubte, wenn man darunter nicht den Gegensatz zum Wissen und nicht nur das Für-wahr-Halten von Sätzen versteht, sondern *das radikale Gründen der ganzen Existenz in Gott.*

Es bleibt dem nur hinzuzufügen, daß ungezählte Menschen bis zum heutigen Tag diesen Spuren Jesu folgten, in der Gemeinschaft mit ihm und aus der von ihm kommenden Kraft diesen Weg gegangen sind. Ich denke an Menschen, die ihrem Leben dadurch Sinn gaben, daß sie das „Dein Wille geschehe" über alles zu schreiben und zu stellen versuchten, was in ihrem Leben begegnete – nicht phrasenhaft, sondern existentiell –, auch in den schwersten Stunden. Das ist kein Fatalismus, sondern die Bereitschaft, sich „führen zu lassen, wohin du nicht willst" (vgl. Joh 21,18). Es ist Vertrauen, es ist das unter Schmerz und Tränen abgerungene Einvernehmen mit der Weisheit und Güte Gottes, das durch keine Erfahrung zuschanden gemacht wird. Es ist der Sinn, der sich mir konkret entzieht, aber den ich in dem bejahe, dem ich mich glaubend anvertraue, auch wenn ich durch Nacht und Finsternis gehen muß. Ich denke ferner an die Menschen, die, den Tod vor Augen, glaubend die Weisheit der Torheit des Kreuzes erfahren haben sowie die Gewißheit, daß nichts sie von der Liebe Gottes in Jesus Christus trennen kann: „weder Tod noch Leben, weder Gegenwart noch Zukunft" (Röm 8,38f.).

22 Karikatur „Anbetung des Geldes“

23 W. Habdank, Blindenheilung

24 Karl Schmidt-Rottluff, Der Gang nach Emmaus

25 Die Emmausgeschichte (Lk 24,13–35)

Von Jesus aus gesehen: Wie begegnet der Auferstandene den Jüngern?	Von den Jüngern aus gesehen: In welcher Situation sind die Jünger und wie erfahren sie neuen Sinn?
Kreuzestod Jesu	Zerstreuung der Jünger
V 15–24	V 15–24
V 25–27	V 25–27
V 28–30	V 28–30
V 31	V 31–33 V 33–35

26 Synodentext „Auferweckung der Toten“

Jesus hat in seiner Passion den Abgrund des Leidens bis zum bitteren Ende am Kreuz erfahren. Gott aber hat diesen gekreuzigten Jesus auch durch das äußerste Leiden und die letzte Verlassenheit hindurch gehalten und ihn ein für allemal der Nacht des Todes entrissen. Dies bekennen wir mit dem Credo der frühen Christenheit: „Christus starb für unsere Sünden, wie es die Schriften gesagt haben, und wurde begraben. Er ist am dritten Tag auferweckt worden, wie es die Schriften gesagt haben, und erschien dem Kefas, dann den Zwölf“ (1 Kor 15,3–5). Der Gekreuzigte ist so zum Tod des Todes und für alle zum „Anführer des Lebens“ (Apg 3, 15; 5, 31; vgl. Heb 2,10) geworden.
Im Blick auf diesen Jesus, den Gekreuzigten und Auferstandenen, erhoffen wir auch für uns die Auferweckung der Toten.
Unserer heutigen Lebenswelt scheint dieses Geheimnis unserer Hoffnung besonders weit entrückt. Offenbar stehen wir alle zu sehr unter dem anonymen Druck eines gesellschaftlichen Bewußtseins, das uns von der Botschaft der Auferweckung der Toten immer weiter entfernt, weil es uns zuvor schon von der Sinngemeinschaft mit den Toten überhaupt getrennt hat. Gewiß, auch wir Menschen von heute werden noch heimgesucht vom Schmerz und von der Trauer, von der Melancholie und vom oft sprachlosen Leiden am ungetrösteten Leid der Vergangenheit, am Leid der Toten. Aber stärker, so scheint es, ist unsere Berührungsangst vor dem Tod überhaupt, unsere Fühllosigkeit gegenüber den Toten. Gibt es nicht zu wenige, die sich unter diesen Toten Freunde und Brüder bewahren oder gar suchen? Wer spürt etwas von ihrer Unzufriedenheit, von ihrem stummen Protest gegen unsere Gleichgültigkeit, gegen unsere allzu eilfertige Bereitschaft, über sie hinweg zur Tagesordnung überzugehen?
Wir wissen uns zumeist gegen solche und ähnliche Fragen energisch zu schützen. Wir verdrängen sie oder denunzieren sie als „unrealistisch“. Doch was definiert dabei unseren „Realismus“? Etwa allein die Flüchtigkeit und Flachheit unseres unglücklichen Bewußtseins und die Banalität vieler unserer Sorgen? Ein solcher „Realismus“ aber hat offensichtlich wiederum seine eigenen Tabus, durch die Trauer in unserem gesellschaftlichen Bewußtsein verdrängt, Melancholie schlechthin verdächtigt wird und die die Frage nach dem Leben der Toten als müßig und sinnlos erscheinen lassen.
Doch diese Frage nach dem Leben der Toten zu vergessen und zu verdrängen, ist zutiefst inhuman. Denn es bedeutet, die vergangenen Leiden zu vergessen und zu verdrängen und uns der Sinnlosigkeit dieser Leiden widerspruchslos zu ergeben. Schließlich macht auch kein Glück der Enkel das Leid der Väter wieder gut, und kein sozialer Fortschritt versöhnt die Ungerechtigkeit, die den Toten widerfahren ist. Wenn wir uns zu lange der Sinnlosigkeit des Todes und der Gleichgültigkeit gegenüber den Toten unterwerfen, werden wir am Ende auch für die Lebenden nur noch banale Versprechen parat haben. Nicht nur das Wachstum unseres wirtschaftlichen Potentials ist begrenzt, wie man uns heute einschärft; auch das Potential an Sinn scheint begrenzt und es ist, als gingen die Reserven zur Neige und als bestünde die Gefahr, daß den großen Worten, unter denen wir unsere eigene Geschichte betreiben – Freiheit, Emanzipation, Gerechtigkeit, Glück – am Ende nur noch ein ausgelaugter, ausgetrocknete Sinn entspricht.
In dieser Situation bekennen wir Christen unsere Hoffnung auf die Auferweckung

der Toten. Sie ist keine schön ersonnene Utopie; sie wurzelt vielmehr im Zeugnis von Christi Auferstehung, das von Anbeginn die Mitte unserer christlichen Gemeinschaft bildet. Was die Jünger bezeugten, entsprang nicht ihren Wunschträumen, sondern einer Wirklichkeit, die sich gegen alle ihre Zweifel durchsetzte und sie bekennen ließ: „Der Herr ist wahrhaft auferstanden" (Lk 24,34)! Das Hoffnungswort von der Auferweckung der Toten, das sich auf dieses österliche Geschehen gründet, spricht von einer Zukunft für alle, für die Lebenden und die Toten. Und gerade weil es von einer Zukunft für die Toten spricht, davon, daß sie, die längst Vergessenen, unvergeßlich sind im Gedenken des lebendigen Gottes und für immer in ihm leben, spricht dieses Hoffnungswort von einer wahrhaft menschlichen Zukunft, die nicht immer wieder von den Wogen einer anonymen Evolution überrollt, von einem gleichgültigen Naturschicksal verschlungen wird. Gerade weil es von einer Zukunft für die Toten spricht, ist es ein Wort der Gerechtigkeit, ein Wort des Widerstands gegen jeden Versuch, den immer wieder ersehnten und gesuchten Sinn menschlichen Lebens einfach zu halbieren und ihn allenfalls für die jeweils Kommenden, die Durchgekommenen, gewissermaßen für die glücklichen Endsieger und Nutznießer unserer Geschichte zu reservieren.

Die Hoffnung auf die Auferweckung der Toten, der Glaube an die Durchbrechung der Schranke des Todes macht uns frei zu einem Leben gegen die reine Selbstbehauptung, deren Wahrheit der Tod ist. Diese Hoffnung stiftet uns dazu an, für andere da zu sein, das Leben anderer durch solidarisches und stellvertretendes Leiden zu verwandeln. Darin machen wir unsere Hoffnung anschaulich und lebendig, darin erfahren wir uns und teilen uns mit als österliche Menschen. „Wir wissen, daß wir vom Tod zum Leben hinübergeschritten sind, weil wir die Brüder lieben; wer nicht liebt, der bleibt im Tode" (1 Joh 3,14).

27 U. Seidel, Mein Bekenntnis

Ich glaube an Gott, den Allmächtigen,
der Himmel und Erde geschaffen hat
und die Welt erhalten will
gegen unsere Unvernunft und allen Größenwahn.

Ich glaube an den schöpferischen Geist
und die Kraft unserer Gemeinschaft,
die Leben schafft und Leben schützt,
die aufsteht gegen tödliche Bedrohung
und lähmende Ohnmacht.

Und an Jesus Christus,
unseren Bruder und Gottessohn,
der den Himmel erdet
und die Erde mit dem Himmel verbindet,
der gelitten hat unter unserer Schwachheit,
der gekreuzigt wurde von unserem fehlenden Vertrauen,
und gestorben ist an unserer lähmenden Angst,
begraben unter unserer Gleichgültigkeit,
hinabgestiegen in das Reich der Mächtigen,
der unter uns aufersteht
mit jeder neuen Hoffnung,
mit jedem Tropfen guten Wassers,
mit jedem Atemzug gesunder Luft,
mit jeder Blume, die den Kopf nicht hängen läßt.
Und er wird unterscheiden zwischen denen,
die den Tod betreiben und denen,
die für das Leben einstehen.

Ein Beispiel christlicher Nächstenliebe

28 Zeitungsnotiz „Persönlich"

Persönlich

ALBERT SCHWEITZER, der Urwalddoktor von Lambarene, wird 20 Jahre nach seinem Tod wieder zu einer Leitfigur der Deutschen. Die Bundesbürger suchen offenbar wegen der gegenwärtigen Wirtschaftslage, den Problemen der Umwelt und den Unsicherheiten in der Politik wieder stärker nach Leitbildern. Wie aus einer am Mittwoch veröffentlichten Umfrage des Hamburger Magazins „Stern" weiter hervorgeht, halten vier von fünf Bundesbürger Vorbilder für durchaus zeitgemäß. Die Rangliste der Leitfiguren führt Albert Schweitzer an, den 58,2 Prozent der Befragten am meisten bewundern. Ihm folgen Mutter Theresa (56,7 Prozent), der polnische Arbeiterführer Lech Walesa (50,7 Prozent) und der ehemalige Bundeskanzler Konrad Adenauer (47 Prozent). Am Ende der Skala stehen die Rock-Sänger Mick Jagger (6,5 Prozent), Michael Jackson (6,9 Prozent) und Nena (7,2 Prozent).

STUTTGARTER ZEITUNG vom

20. JUNI 1985

29 A. Schweitzer, Die Ehrfurcht vor dem Leben

I. Die Entstehung der Lehre der Ehrfurcht vor dem Leben und ihre Bedeutung für unsere Kultur

Die fundamentale Tatsache des Bewußtseins des Menschen lautet: „Ich bin Leben, das leben will, inmitten von Leben, das leben will."

Der denkend gewordene Mensch erlebt die Nötigung, allem Willen zum Leben die gleiche Ehrfurcht vor dem Leben entgegenzubringen, wie dem seinen. Er erlebt das andere Leben in dem seinen. Als gut gilt ihm, Leben erhalten, Leben fördern, entwickelbares Leben auf seinen höchsten Wert bringen. Als böse: Leben vernichten, Leben schädigen, entwickelbares Leben niederhalten. Dies ist das denknotwendige, universelle, absolute Grundprinzip des Ethischen.

Die bisherige Ethik ist unvollkommen, weil sie es nur mit dem Verhalten der Menschen zum Menschen zu tun zu haben glaubte. In Wirklichkeit aber handelt es sich darum, wie der Mensch sich zu allem Leben, in seinem Bereich befindlichen Leben, verhält. Ethisch ist er nur, wenn ihm das Leben als solches heilig ist, das der Menschen und das aller Kreatur.

Nur die Ethik des Erlebens der ins Grenzenlose erweiterten Verantwortung gegen alles, was lebt, läßt sich im Denken begründen. Die Ethik des Verhaltens von Mensch zu Mensch ist nicht etwas für sich, sondern etwas, das sich aus jenem Allgemeinen ergibt. Die Ehrfurcht vor dem Leben, zu der wir Menschen gelangen müssen, begreift also alles in sich, was als Lie-

be, Hingebung, Mitleiden, Mitfreude, Mitstreben in Betracht kommen kann. Wir müssen uns von dem gedankenlosen Dahinleben frei machen.
Nun aber sind wir alle dem rätselhaften und grausigen Schicksal unterworfen, in die Lage zu kommen, unser Leben nur auf Kosten andern Lebens erhalten zu können und durch Schädigen, ja auch durch Vernichtung von Leben, fort und fort schuldig zu werden.
Als ethische Wesen versuchen wir fort und fort, dieser Notwendigkeit, soweit es uns möglich ist, zu entrinnen. Wir dürsten danach, Humanität bewahren zu dürfen und Erlösung von Leiden bringen zu können.
Die in dem denkend gewordenen Willen zum Leben entstehende Ehrfurcht vor dem Leben enthält also Lebensbejahung und Ethik miteinander und ineinander. Sie geht darauf aus, Fortschritte zu verwirklichen und Werte zu schaffen, die der materiellen, geistigen und ethischen Höherentwicklung des Menschen und der Menschheit dienen.
Während die gedankenlose Welt- und Lebensbejahung in Idealen des Wissens, des Könnens und des Mächtigwerdens umherirrt, ist das Ideal des wahren und tiefen Denkens die geistige und ethische Vollendung des Menschen und der Menschheit, und das Aufkommen einer ethischen Kultur, die den Frieden will und dem Krieg entsagt.

II. Die Ehrfurcht vor dem Leben

Erste öffentliche Darlegung
Aus der Predigt zu St. Nicolai in Straßburg am 23. Februar 1919

Gut ist: Leben erhalten und fördern; schlecht ist: Leben hemmen und zerstören. Sittlich sind wir, wenn wir aus unserm Eigensinn heraustreten, die Fremdheit den anderen Wesen gegenüber ablegen und alles, was sich von ihrem Erleben um uns abspielt, miterleben und miterleiden. In dieser Eigenschaft erst sind wir wahrhaft Menschen; in ihr besitzen wir eine eigene, unverlierbare, fort und fort entwickelbare, sich orientierende Sittlichkeit. –
Die Ehrfurcht vor dem Leben und das Miterleben des andern Lebens ist das große Ereignis für die Welt. Die Natur kennt keine Ehrfurcht vor dem Leben. Sie bringt tausendfältig Leben hervor in der sinnvollsten Weise und zerstört es tausendfältig in der sinnlosesten Weise. Durch alle Stufen des Lebens hindurch bis in die Sphäre des Menschen hinan ist furchtbare Unwissenheit über die Wesen ausgegossen. Sie haben nur den Willen zum Leben, aber nicht die Fähigkeit des Miterlebens, was in andern Wesen vorgeht; sie leiden, aber sie können nicht mitleiden. Der große Wille zum Leben, der die Natur erhält, ist in rätselhafter Selbstentzweiung mit sich selbst. Die Wesen leben auf Kosten des Lebens anderer Wesen. Die Natur läßt sie die furchtbarsten Grausamkeiten begehen. Sie leitet Insekten durch Instinkt an, mit ihrem Stachel Insekten anzubohren und ihre Eier in sie hineinzulegen, daß das, was sich aus dem Ei entwickelt, von der Raupe leben und sie damit zu Tode quälen soll. Sie leitet die Ameisen an, sich zusammenzutun und ein armes kleines Wesen anzufallen, um es zu Tode zu hetzen. Schaue der Spinne zu! Wie grauenvoll ist das Handwerk, das sie die Natur gelehrt!
Die Natur ist schön und großartig, von außen betrachtet, aber in ihrem Buch zu lesen, ist schaurig. Und ihre Grausamkeit ist so sinnlos! Das kostbarste Leben wird dem niedersten geopfert. Einmal atmet ein Kind Tuberkelbazillen ein. Es wächst heran, gedeiht, aber Leiden und früher Tod sitzen in ihm, weil diese niedersten

Wesen sich in seinen edelsten Organen vermehren. Wie oft packte mich in Afrika das Entsetzen, wenn ich das Blut eines Schlafkranken untersuchte. Warum saß der Mann mit leidenverzerrtem Gesicht da und stöhnte: Oh, mein Kopf, mein Kopf! Warum mußte er Nächte hindurch weinen und elend sterben? Weil da, unter dem Mikroskop, feine, kleine, blasse Körperchen zehn bis vierzehn tausendstel Millimeter lang vorhanden waren – oh nicht viele, oft nur ganz wenige, so daß man zuweilen Stunden suchen mußte, um nur eines zu entdecken!

So steht auch durch die rätselhafte Entzweiung in dem Willen zum Leben Leben gegen Leben und schafft dem andern Leiden und Tod, schuldlos schuldig. Die Natur lehrt grausigen Egoismus, nur dadurch auf kurze Zeit unterbrochen, daß sie in die Wesen den Trieb gelegt hat, dem Leben, das von ihnen abstammt, so lange es ihrer bedarf, Liebe und Helfen entgegenzubringen. Aber daß das Tier seine Jungen mit Selbstaufopferung bis zum Tode liebt, also hier mitfühlen kann, macht es nur noch schrecklicher, daß ihm das Mitleiden für die Wesen, die nicht in dieser Weise mit ihm zusammengehören, versagt ist.

Die Welt, dem unwissenden Egoismus überantwortet, ist wie ein Tal, das im Finstern liegt; nur oben auf den Höhen liegt Helligkeit. Alle müssen in dem Dunkel leben, nur eines darf hinaus, das Licht schauen: Das höchste, der Mensch. Er darf zur Erkenntnis der Ehrfurcht vor dem Leben gelangen, er darf zu der Erkenntnis des Miterlebens und Mitleidens gelangen, aus der Unwissenheit heraustreten, in der die übrige Kreatur schmachtet.

Und diese Erkenntnis ist das große Ereignis in der Entwicklung des Seins. Hier erscheinen die Wahrheit und das Gute in der Welt; das Licht glänzt über dem Dunkel; der tiefste Begriff des Lebens ist erreicht, das Leben, das zugleich Miterleben ist, wo in einer Existenz der Wellenschlag der ganzen Welt gefühlt wird, in einer Existenz das Leben als solches zum Bewußtsein seiner selbst kommt ... das Einzeldasein aufhört, das Dasein außer uns in das unsrige hereinflutet.

Das andere, was uns die Fähigkeit und den Willen zum Miterleben bedroht, ist die sich immer wieder aufdrängende Überlegung: Es nützt ja nichts! Was du tust und kannst, um Leiden zu verhüten, um Leiden zu mildern, um Leben zu erhalten, ist ja doch nichts im Vergleich mit dem, was geschieht auf der Welt, um dich herum, ohne daß du etwas dazu tun kannst. Gewiß, es ist furchtbar, sich vorstellen zu müssen, in wie vielem wir ohnmächtig sind, ja, wie viel Leid wir selbst andern Wesen schaffen, ohne es verhindern zu können.

Du gehst auf einem Waldpfad; die Sonne scheint in hellen Flecken durch die Wipfel hindurch; die Vögel singen; tausend Insekten summen froh in der Luft. Aber dein Weg, ohne daß du etwas dafür kannst, ist Tod. Da quält sich eine Ameise, die du zertreten, dort ein Käferchen, das du zerquetscht, dort windet sich ein Wurm, über den dein Fuß gegangen. In das herrliche Lied vom Leben klingt die Melodie von dem Weh und Tod, die von dir, dem unschuldig Schuldigen kommen, hinein. Und so fühlst du in allem, was du Gutes tun willst, die furchtbare Ohnmacht, zu helfen wie du wolltest. Dann kommt die Stimme des Versuchers und sagt dir: Warum dich denn quälen? Es hilft nichts. Gib es auf, werde gleichgültig, werde gedankenlos und gefühllos wie die andern.

Noch eine andere Versuchung tritt auf. Mitleiden heißt Leiden. Wer einmal das Weh der Welt in sich erlebt, der kann nicht mehr glücklich werden in dem Sinne, wie der Mensch es möchte. In den Stunden, die ihm Zufriedenheit und Freude bringen, ist er nicht imstande, sich unbefangen dem Behagen hinzugeben, sondern das Weh, das er miterlebt, ist da. Er hat gegenwärtig, was er geschaut. Er gedenkt des Armen, den er angetroffen, des Kranken, den er geschaut, des Menschen, von dessen schwerem Schicksal er gelesen – und Dunkel fällt in die Helligkeit seiner Freude. Und so fort und fort. In der fröhlichen Gesellschaft ist er plötzlich geistesabwesend. Und da sagt der Versucher wieder: So kann man nicht leben. Man muß absehen können von dem, was um einen vorgeht. Nur keine so große Empfindsamkeit. Erziehe dich zur notwendigen Gefühllosigkeit, leg einen Panzer an, werde gedankenlos wie die andern, wenn du vernünftig leben willst. Zuletzt kommen wir dann so weit, daß wir uns schämen, das große Miterleben und das große Mitleiden zu kennen. Wir verheimlichen es voreinander und tun, als wäre es uns etwas Törichtes, so etwas, das man ablegt, wenn man anfängt ein vernünftiger Mensch zu werden.

Quellenverzeichnis

1 *Text 1–3:* E. Gräßle, K. Jung, P. Keller (Hrsg.), Impulse zur Verantwortung. Patmos Verlag, Düsseldorf 1977, S. 14
Text 4: Pablo Neruda, Ich bekenne, ich habe gelebt. Verlag Luchterhand, Frankfurt 1974

3 Helmut Gollwitzer, Krummes Holz – aufrechter Gang. Christian Kaiser Verlag, München 1970, S. 62–65

5 Bernhard Grom / Josef Schmidt, Auf der Suche nach dem Sinn des Lebens. Herder Verlag, Freiburg 1975, S. 53

6 *Text 1:* Hans Krömler, Horizonte des Lebens. Verlag Benziger-Vandenhoeck, Einsiedeln 1976, S. 162–164
Text 2: Heinrich Gollwitzer, Krummes Holz – aufrechter Gang. Christian Kaiser Verlag, München 1970, S. 56

8 Jacques Prévert, Gedichte und Chansons. Rowohlt Verlag, Hamburg 1987, S. 101

9 *Text 1:* Kurt Marti, Die Riesin. Luchterhand Verlag, Darmstadt/Neuwied, S. 73
Text 2: Bernhard Grom / Josef Schmidt, Auf der Suche nach dem Sinn des Lebens. Herder Verlag, Freiburg 1975, S. 41

10 Jacques Lusseyran, Das wiedergefundene Licht. Verlag Klett-Cotta, Stuttgart 1963

12 Hans Küng, Ewiges Leben. Piper Verlag, München 1982, S. 63f.
Gedicht von Bertolt Brecht. Aus: Gesammelte Werke. Suhrkamp Verlag, Frankfurt 1967

13 Vitezslaf Gardavsky, Gott ist nicht ganz tot – Betrachtungen eines Marxisten über Religion, Bibel und Atheismus. Christian Kaiser Verlag, München 1971, S. 227f.

14 Bernhard Welte, Versuch zur Frage nach Gott. In: J. Ratzinger (Hrsg.), Die Frage nach Gott. Herder Verlag, Freiburg 1971, S. 24

15 Werner Schaube, Die Sinnfrage im Brennpunkt des Religionsunterrichtes. Don Bosco Verlag, München 1979, S. 63

16 Werner Schaube, a.a.O., S. 61f.

17 Albert Camus, Der Mythos von Sisyphos. Rowohlt Verlag, Hamburg 1959, S. 11 und 23ff.

18 Albert Camus, Die Pest. Rowohlt Verlag, Hamburg 1950, S. 141ff.

19 *Text 1:* Glaubensverkündigung für Erwachsene. Deutsche Ausgabe des Holländischen Katechismus. Freiburg 1972, S. 313
Text 2: Benedikta Hegemann. In: B. Grom/H. W. Schillinger (Hrsg.), Glück und Sinn. Patmos/Vandenhoeck, Düsseldorf 1980, S. 13
Text 3: Dietrich Bonhoeffer, Widerstand und Ergebung. Christian Kaiser Verlag, München 1970, S. 425f.

20 *Text 1:* Dag Hammarskjöld, Zeichen am Weg. Droemer/Knaur, München 1965, S. 70
Text 2: B. Brechtbühl. In: F. Geerk (Hrsg.), Lyrik aus der Schweiz. Benziger Verlag, Zürich/Köln 1974, S. 114

21 Heinrich Fries, Gott, die Frage unserer Zeit. Don Bosco Verlag, München 1973, S. 164–167

23 Walter Habdank, 24 Holzschnitte zur Bibel. Kösel-Verlag, München 1980, S. 97

24 Karl Schmidt-Rottluff, Der Gang nach Emmaus. © VG Bild-Kunst, Bonn 1990

25 Arbeitsblatt gestaltet nach: S. Gruber,

L. Kröner, Die Frage nach dem Menschen (Arbeitsmappe). Nürnberg 1984, S. 35a
26 Gemeinsame Synode der Bistümer in der Bundesrepublik Deutschland, Offizielle Gesamtausgabe. Freiburg 1976, S. 90–92
27 Uwe Seidel, Mein Bekenntnis. In: Beten durch die Schallmauer, Impulse und Texte. KJG-Verlag, Düsseldorf 1985, S. 215
28 Stuttgarter Zeitung, Ausgabe vom 20. Juni 1985
29 Albert Schweitzer. Die Ehrfurcht vor dem Leben – Grundtexte aus fünf Jahrzehnten, hrsg. von H. W. Bähr. C. H. Beck Verlag, München 1984, S. 23f. und 32f.